Sarah Retter

RUSSIAN:
TRAVEL PHRASES
for
ENGLISH SPEAKERS

The most useful 1.000 phrases to get around when traveling in Russia

© 2015 by Sarah Retter
© 2015 by UNITEXTO
All rights reserved

Published by UNITEXTO

UNITEXTO
Digital Publishing

Table of Contents

1.

Bank
Банк

1.1.

I want to make a withdrawal

Я хочу снять деньги

1.2.

Could you give me some smaller notes?

Не могли бы вы дать мне банкноты помелче?

1.3.

I'd like to pay this in, please

Я хочу это оплатить, пожалуйста

1.4.

How many days will it take for the check to clear?

Сколько дней займет проверка чека?

1.5.

Can the passport serve as an ID?

Может ли паспорт быть удостоверением личности?

1.6.

Here's my ID card

Вот мой удостоверение

1.7.

I'd like to transfer some money to this account

Я хотел бы перевести деньги на этот счет

1.8.

Could you transfer ... from my current account to my deposit account?

Вы можете перевести ... с моего текущего счета на мой депозитный счет?

1.9.

I'd like to open an account

Я хотел бы открыть счет

1.10.

I'd like to open a personal account

Яхотелбыоткрытьличныйсчет

1.11.

Can I open a business account?

Могу ли я открыть расчетный счет?

1.12.

Could you tell me my balance, please?

Не могли бы вы сказать мне мой баланс, пожалуйста?

1.13.

Could I have a statement, please?

Можно мне расчет, пожалуйста?

1.14.

I'd like to change some money

Я бы хотел поменять деньги

1.15.

I'd like to order some foreign currency

Я бы хотел заказать иностранную валюту

1.16.

What's the exchange rate for euros?

Какой курс обмена евро?

1.17.

I'd like to exchange euros to dollars

Я бы хотел поменять евро на доллары

1.18.

Could I order a new checkbook, please?

Могу ли я заказать новую чековую книжку, пожалуйста?

1.19.

I'd like to cancel a check

Ябыхотелотменитьчек

1.20.

I'd like to cancel this standing order

Я бы хотел отменить это платежное поручение

1.21.

Where's the nearest cash machine?

Где ближайший банкомат?

1.22.

What's the interest rate on this account?

Какая процентная ставка по этому счету?

1.23.

What's the current interest rate for personal loans?

Какая текущая процентная ставка по личным кредитам?

1.24.

I've lost my bank card

Я потерял свою банковскую карту

1.25.

I want to report a lost card

Яхочусообщитьопотерекарты

1.26.

I think my card has been stolen

Ядумаюмоякартабылаукрадена

1.27.

We've got a joint account

У нас есть совместный счет

1.28.

I'd like to tell you about a change of address

Ябыхотелсообщитьвамосменеадреса

1.29.

I've forgotten my Internet banking password

Я забыл свой пароль отинтернет банка

1.30.

I've forgotten the PIN number for my card

Язабылпин-кодсвоейкарты

1.31.

I'll have a new one sent out to you

ЯпришлюВам новый

1.32.

Could I make an appointment to see the manager?

Могу я записаться на прием к менеджеру?

1.33.

I'd like to speak to someone about a mortgage

Я бы хотел поговорить с кем-то об ипотеке

2. Bar

Бар

2.1.

Bring me a beer

Принесите мне пива

2.2.

Two beers, please

Два пива, пожалуйста

2.3.

Three shots of tequila, please

Три *шота* текилы, пожалуйста

2.4.

I would like a glass of wine

Я бы хотел бокал вина

2.5.

I'll have the same, please

Мне тоже самое, пожалуйста,

2.6.

Nothing for me, thank you

Мне ничего, спасибо

2.7.

I'll pay for everyone

Я плачу за всех

2.8.

Another round, please

Еще один раунд, пожалуйста

2.9.

Are you still serving drinks?

Вы все еще подаете напитки?

2.10.

Do you have any snacks?

У вас есть закуска?

2.11.

Do you have any sandwiches?

У вас есть бутерброды?

2.12.

Do you serve food?

Выподаетееду?

2.13.

What time does the kitchen close?

Во сколько закрывается кухня?

2.14.

Are you still serving food?

Вы все еще подаете еду?

2.15.

What sort of sandwiches do you have?

Какие виды бутербродов у вас есть?

2.16.

Do you have any hot food?

У вас есть какая-нибудь горячая еда?

2.17.

Could we see a menu, please?

Можно нам меню, пожалуйста?

2.18.

Can I smoke inside?

Могу ли я курить внутри?

2.19.

Do you mind if I smoke?

Ты не против, если я закурю?

2.20.

Would you like a cigarette?

Хотите сигарету?

2.21.

Have you got a light?

У вас есть прикурить?

3. Boutique
Бутик

3.1.

Could I try this on?

Я могу это померить?

3.2.

Could I try these shoes on?

Я могу померить эти туфли?

3.3.

I need the size …

Мне нужен размер …

3.4.

Do you have these shoes in size …?

У вас эти ботинки … размера?

3.5.

Do you have the trousers in size …?

У вас есть штаны размера …?

3.6.

Do you have a fitting room?

У вас есть примерочная?

3.7.

Where's the fitting room?

Где примерочная?

3.8.

Have you got this in a smaller size?

У вас есть это в меньшем размере?

3.9.

Have you got this in a larger size?

У вас есть это в большем размере?

3.10.

Does this fit me??

Мнеэтоидет?

3.11.

The shirt is too big, I don't like it

Эта рубашка слишком большая, мне не нравится

3.12.

The pants are too small, I can't fit in them

Брюки слишком маленькие, я не влажу в них

3.13.

I need some high heels, can you help me?

Мне нужны каблуки, вы не могли бы мне помочь?

3.14.

Do you have this sweater in another color?

У вас есть этот свитер в другом цвете?

3.15.

What material is this made of?

Из какого материала это сделано?

3.16.

Can I wash this skirt at home?

Можно ли я стирать эту юбку дома?

3.17.

Does this suit require dry-cleaning?

Этому костюму нужна химчистка?

3.18.

Can I use the fitting room?

Могу я воспользоваться примерочной?

4.

Bus travel

Путешествие на автобусе

4.1.

Where can I buy tickets?

Где я могу купить билеты на автобус?

4.2.

I need one child return ticket

Мне нужен один обратный билет для ребенка

4.3.

Where's the ticket office?

Где касса?

4.4.

What time's the next bus to ...?

Во сколько следующий автобус на ...?

4.5.

Can I buy a ticket on the bus?

Могу я купить билет на автобус?

4.6.

I'd like a return to ..., coming back on Sunday

Я бы хотел обратный в ..., возвращаюсь воскресенье

4.7.

Where do I change for ...?

Где я могу пересесть на ...?

4.8.

Can I have a timetable, please?

Можно мне расписание, пожалуйста?

4.9.

How often do the buses run to ...?

Как часто автобусы идут в ...?

4.10.

The bus is running late

Автобусопаздывает

4.11.

The bus has been cancelled

Автобусотменен

4.12.

Does this bus stop at ...?

Останавливается ли этот автобус в ...?

4.13.

Could you tell me when we get to ...?

Не могли бы Вы сказать, когда мы доберемся до ...?

4.14.

Is this seat taken?

Этоместозанято?

4.15.

Do you mind if I sit here?

Вы не возражаете, если я сяду здесь?

4.16.

I've lost my ticket. What should I do?

Я потерял свой билет. Что мне делать?

4.17.

What time do we arrive in ...?

Во сколько мы прибываем в ...?

4.18.

What's this stop?

Какая это остановка?

4.19.

What's the next stop?

Какая следующая остановка?

4.20.

This is my stop. Can you let me get off?

Это моя остановка. Можете дать мне сойти?

4.21.

I'm getting off here. Could you please move a bit?

Я сойду здесь. Не могли бы Вы немного подвинуться?

4.22.

How many stops is it to ...?

Сколько остановок до ...?

4.23.

How much is the ticket to ...?

Сколько стоит билет до ...?

4.24.

Where is the bus station, please?

Скажите, пожалуйста, где автобусная станция?

4.25.

When does the bus leave for...?

Когда отходит автобус до ...?

4.26.

How many stops before...?

Сколько остановок до ...?

5. Business meetings
Деловые встречи

5.1.

I would like to schedule a meeting with you

Я бы хотел запланировать встречу с Вами

5.2.

Are you available next week?

Вы свободны на следующей неделе?

5.3.

Can I reschedule our meeting?

Могу я перенести нашу встречу?

5.4.

I'll call you in the morning to confirm the time

Я позвоню утром, чтобы подтвердить время

5.5.

When should we arrive?

Когда мы должны прибыть?

5.6.

Where's the event going to happen?

Где будет проходить событие?

5.7.

Are there going to be some presentations?

Там будет какая-нибудь презентация?

5.8.

Who is presenting tonight?

Кто будет выступать сегодня?

5.9.

What's this girl's name?

Как зовут эту девушку?

5.10.

Can you please introduce us?

Не могли бы Вы нас представить?

5.11.

Who is the guy in the corner?

Кто этот парень в углу?

5.12.

Do you know the man in the gray suit?

Вы знаете этого человек в сером костюме?

5.13.

What's your last name?

КакаяВашафамилия?

5.14.

Can I get your business card?

Можно Вашу визитную карточку?

5.15.

Could you write down your number, please?

Не могли бы Вы дать свой номер, пожалуйста?

5.16.

Can we talk about the job now?

Мы можем поговорить сейчас о работе?

5.17.

I would like to see your boss

Я бы хотел увидеть Вашего босса

5.18.

Can I speak to your mentor?

Могу я поговорить с вашим руководителем?

5.19.

This is my associate, Mr. ...

Это мой коллега ...

5.20.

I hope your secretary gave you my message

Я надеюсь, Ваш секретарь передал Вам мое сообщение

5.21.

Should we get out of the office and go for a lunch?

Мы должны выбраться из офиса и отправиться на обед?

5.22.

What do you think about my proposal?

Что вы думаете о моем предложении?

5.23.

I would like to know your opinion

ЯбыхотелузнатьВашемнение

5.24.

I wanted to ask you for an advice

Я хотел попросить у Вас совет

5.25.

I want to talk about investing in my company

Я хочу поговорить об инвестировании в мою компанию

6. Coffee
Кафе

6.1.

Can I get a coffee?

Можно мне кофе?

6.2.

I'll have a coffee, please

Мне кофе, пожалуйста

6.3.

An orange juice for me, please

Апельсиновый сок для меня, пожалуйста

6.4.

Bring me a tea

Принесите мне чай

6.5.

Do you have frappes?

У вас есть фраппе?

6.6.

Double espresso with cream, please

Двойной эспрессо со сливками, пожалуйста

6.7.

Can I have a macchiato?

Можно мне маккиато?

6.8.

Just a glass of water for me

Просто стакан воды для меня

6.9.

I'll have a hot chocolate

Я возьму горячий шоколад

6.10.

Do you have any fresh juice?

У вас есть какой-нибудь свежий сок?

6.11.

Have you got lemonade?

У вас есть лимонад?

6.12.

I've already ordered

Я уже заказал

6.13.

How much do I owe you?

Сколько я вам должен?

6.14.

Keep the change!

Оставьтесдачусебе!

6.15.

Do you have internet access here?

У вас есть доступ в Интернет здесь?

6.16.

Do you have wireless internet here?

Есть ли у вас беспроводной доступ в Интернет здесь?

6.17.

What's theWi-Fi password?

Какой пароль Wi-Fi?

6.18.

Canyoumovemydrink, I'llsitoutside

Вы не могли бы перенести мой напиток, я сяду снаружи

6.19.

Where is the restroom?

Гдеуборная?

6.20.

Do you serve alcoholic drinks?

Вы подаете спиртные напитки?

6.21.

What kind of tea do you have?

Какие у вас есть чаи?

7.

Car accidents
Автомобильные аварии

7.1.

Can you call the police?

Вы можете позвонить в полицию?

7.2.

I have a flat tire, can you call help?

У меня спустило колесо, Вы можете позвать на помощь?

7.3.

I'm out of gas, is there any gas station near?
У меня закончился бензин, здесь есть по близости автозаправка?

7.4.

My breaks aren't working, what should I do?
Мои тормоза не работают, что мне делать?

7.5.

There was a major collision, what happened?
Здесь произошло крупное столкновение, что случилось?

7.6.

I'm hurt, can you call the ambulance?
Я ранен, вы можете позвонить в скорую помощь?

7.7.

Is doctor on his way?
Врач в пути?

7.8.

Did you see the car coming?
Вы видели как приближается машина?

7.9.

Where is the nearest hospital?
Где ближайшая больница?

7.10.

Is the ambulance coming?

Скораяпомощьедет?

7.11.

Do you have a first aid kit?

У вас есть аптечка?

7.12.

Am I getting a ticket?

Я оштрафован?

7.13.

Did you have a car accident?

У вас произошла авария?

7.14.

Is this the truck that hit you?

Это грузовик, который ударил вас?

7.15.

Here's my ID

Вот мое удостоверение личности

7.16.

Do you need my license?

Вам нужна моя лицензия?

7.17.

I've witnessed the accident

Я был свидетелем аварии

7.18.

Where's the nearest car repair shop?

Где ближайший автосервис?

7.19.

Do you have spare parts for…?

Есть ли у вас запчасти для …?

7.20.

Can you help me pull my car?

Можете помочь мне вытащить мою машину?

7.21.

Can I leave the car here?

Могу я оставить машину здесь?

7.22.

What's wrong with my car?

Что случилось с моим автомобилем?

7.23.

How much is it going to cost?

Сколько это будет стоить?

7.24.

I got hit by another car; can insurance cover the cost?

В меня врезалась другая машина; страховка покроет затраты?

7.25.

It wasn't my fault at all

Это было совсем не по моей вине

7.26.

I was on the main road and he came from the side street

Ябылнаглавнойдорогеионвыехалсбоково йулицы

8. Car rental
Прокат автомобилей

8.1.

I would like to rent a car

Я хотел бы арендовать машину

8.2.

Do you have any cars available?

У вас есть какие-нибудь свободные автомобили?

8.3.

I have a reservation under the name ...

У меня зарезервировано на имя ...

8.4.

I have a reservation for a small car

Я зарезервировал маленькую машину

8.5.

I'll need it for a week

Мне это понадобится на неделю

8.6.

Can I get a car for the next month?

Можете дать мне машину на следующий месяц?

8.7.

Do I need to leave you any documents?

Мне нужно оставить вам какие-то документы?

8.8.

How much does the renting cost?

Сколько стоит аренда?

8.9.

What's the price per kilometer?

Какая цена за километр?

8.10.

Is it manual or automatic?

Эта ручная или автоматическая?

8.11.

Does it take petrol or diesel?

Она ездит на бензине или дизеле?

8.12.

Can you show me the controls?

Можете показать мне управление?

8.13.

Does this car have central locking?

У машины центральный замок?

8.14.

Does it have child locks?

У нее есть замок от детей?

8.15.

Here's my driving license

Вот мои водительские права

8.16.

When do I need to return it?

Когда мне нужно вернуть ее?

8.17.

Do I have to return it with the full tank?

Я должен вернуть ее с полным баком?

8.18.

Can you show me how to open the boot?

Вы можете показать мне, как открыть багажник?

8.19.

Where do I turn on the lights?

Где я могу включить свет?

8.20.

Where are the windscreen wipers?

Где дворники?

8.21.

Can I get insurance?

Могу я получить страховку?

8.22.

Does the car have insurance?

У машины есть страховка?

8.23.

Does the car have all the necessary accessories?

У машины есть все необходимые аксессуары?

8.24.

How much do you charge if I'm an hour late?

Сколько вы возьмете, если я опоздаю на час?

8.25.

What are your business hours?

Какой у вас график работы?

8.26.

Do you work on Sunday?

Ты работаешь в воскресенье?

9. Car travel

Путешествие на машине

9.1.

I'm driving. Can you call me back?

Я за рулем, Вы не могли бы мне перезвонить?

9.2.

Can you slow down a bit?

Вы не могли бы немного притормозить?

9.3.

Can you stop here for a moment?

Можете остановиться здесь не на долго?

9.4.

Can we take a break here?

Мы можем сделать здесь перерыв?

9.5.

Are we going to arrive by the evening?

Мы собираемся вернуться к вечеру?

9.6.

When should we arrive?

Когда мы должны приехать?

9.7.

Do you know directions to ...?

Вы знаете, как добраться до ...?

9.8.

Can you show me the way to ...?

Не могли бы Вы показать мне дорогу к ...?

9.9.

How do I get to the ...?

Как мне добраться до ...?

9.10.

Is there an alternative road?

Есть ли другая дорога?

9.11.

Is there a detour or should I enter the city?

Там есть объезд или я должен въехать в город?

9.12.

How can I avoid the traffic jam?

Как мне избежать пробки?

9.13.

Are we going towards the highway?

Мы движемся в сторону шоссе?

9.14.

Is this the right road?

Это правильная дорога?

9.15.

Where are you going to park?

Где вы собираетесь припарковаться?

9.16.

Is this a public parking?

Это общественная парковка?

9.17.

There's an empty parking lot

Есть пустое место для парковки

9.18.

How do I pay for the parking?

Как мне заплатить за парковку?

9.19.

Can I go left here?

Могу я повернуть здесь на лево?

9.20.

Am I allowed to go right here?

Я могу прямо здесь проехать?

9.21.

Are we going left or right now?

Нам сейчас налево или направо?

9.22.

I don't know where to go on the next intersection

Я не знаю, куда ехать на следующем перекрестке

9.23.

What's the speed limit here?

Какое здесь ограничение скорости?

9.24.

What does this sign mean?

Что означает этот знак?

9.25.

Should I go over the bridge?

Должен ли я идти по мосту?

9.26.

What is the shortest way to get to the...?

Какой самый короткий путь, чтобы добраться до ...?

9.27.

How many kilometers to...?

Сколько километров до ...?

9.28.

Is this the way for...?

Это дорога до ...?

9.29.

Where does this road go?

Куда ведет эта дорога?

9.30.

What is the maximum speed allowed?

Какое здесь ограничение скорости?

10. Children
Дети

10.1.

Do children need visa?

Детямнужнавиза?

10.2.

What's the children policy?

Что такое детский полис?

10.3.

Do children get a discount?

Получают ли дети скидку?

10.4.

Do children need a separate seat?

Детям нужно отдельное место?

10.5.

Can I get an extra bed for a child?

Могу я получить дополнительную кровать для ребенка?

10.6.

Do I need to pay the full price to get a children's seat?

Мне нужно платить полную цену за детское сиденье?

10.7.

Is there a toy store nearby?

Здесь есть магазин игрушек поблизости?

10.8.

Where can I buy gifts for my children?

Где я могу купить подарки для моих детей?

10.9.

My son is 2; does he need a ticket?

Моему сыну 2 года, ему нужен билет?

10.10.

Is there room for pram?

Здесь есть комната для коляски?

10.11.

What do I need to sign so my child can travel without me?

Что мне нужно подписать, чтобы мой ребенок мог путешествовать без меня?

10.12.

Here's my baby's Passport

Вот паспорт моего ребенка

10.13.

How long is the child's passport valid?

Как долго действует паспорт ребенка?

10.14.

Do you offer any daycare service at the hotel?

Вы предлагаете услуги няни в отеле?

10.15.

Are there any activities for children?

Здесь есть какие-нибудь мероприятия для детей?

10.16.

Where can I take my children today?

Куда я могу отвести своих детей сегодня?

10.17.

I need a babysitter for few hours

Мне нужна няня на несколько часов

10.18.

Are children allowed in a restaurant?

Дети допускаются в ресторан?

10.19.

Are children allowed at the event?

Дети допускаются на мероприятие?

10.20.

Does the TV in our room have cartoons?

По телевизору в нашем номере идут мультики?

11.

Cinema

Кино

11.1.

I'd like to see a movie, is there a cinema near us?

Я хочу посмотреть фильм, поблизости есть кинотеатр?

11.2.

What's on at the cinema?

Что идет в кино?

11.3.

Is there anything good on at the cinema?

Есть что-нибудь хорошее в кино сейчас?

11.4.

What's this film about?

Очемэтотфильм?

11.5.

Shall we get some popcorn?

Мы возьмем попкорн?

11.6.

Do you want salted or sweet popcorn?

Вы хотите сладкий или соленый попкорн?

11.7.

Do you want to drink something?

Хочешь что-нибудь выпить?

11.8.

Where shall we sit?

Гденамсесть?

11.9.

I would like to sit near the back, if possible

Ябыхотелсестьсзади, еслиэтовозможно

11.10.

I prefer to be near the front, if there are available seats

Ябыпредпочелсестьпоближепереднемуряду, еслиестьсвободныеместа

12. Communication
Общение

12.1.

Do you understand me?

Выменяпонимаете?

12.2.

Do you speak English?

Вы говорите по-английски?

12.3.

Do you speak French?

Вы говорите по-французски?

12.4.

Do you speak Spanish?

Вы говорите по-испански?

12.5.

Do you speak German?

Вы говорите по-немецки?

12.6.

Can you repeat that?

Вы можете это повторить?

12.7.

How do you say ... in English?

Как сказать ... на английском языке?

12.8.

What did she say?

Чтоонасказала?

12.9.

What does it mean?

Чтоэтозначит?

12.10.

Can you please translate that?

Можете ли вы перевести что угодить?

12.11.

How do you spell it?

Как ты это пишешь?

12.12.

Can you please write that down?

Вы можете это записать, пожалуйста?

12.13.

I need to write it down. Can you please repeat?

Мне нужно это записать. Вы не могли бы повторить?

12.14.

Would you write your address here?

Вы не могли бы написать здесь свой адрес?

12.15.

Can you write your phone number here?

Вы не могли бы написать здесь свой номер телефона?

12.16.

Can I hear your email address letter by letter?

Могу я услышать Ваш электронный адрес по буквам?

12.17.

Can you send it to my email?

Вы можете отправить это на мою почту?

12.18.

Can you call him on the phone?

Вы можете позвонить ему по телефону?

13.   Consulate
Консульство

13.1.

Where is the ... consulate?

Гдеконсульство ...?

13.2.

What's the number to call the consulate?

Какой номер телефона консульства?

13.3.

How do I get to the ... consulate?

Как мне добраться до консульства ...?

13.4.

Can you show me the directions to the ... consulate?

Не могли бы Вы показать мне, где консульство ...?

13.5.

Do you know the consulate address?

Вы знаете адресс консульства?

13.6.

How can I reach the consulate?

Как я могу попасть в консульство?

13.7.

I need to speak with someone from the consulate

Мне нужно поговорить с кем-то из консульства

13.8.

Can I reach the consulate in case of emergency?

Могу ли я позвонить в консульство в чрезвычайной ситуации?

13.9.

Where's the ... consulate located?

Где находится консульство ...?

14. Customs

Таможня

14.1.

Do you need me to open my bag?

Мне необходимо открыть сумку?

14.2.

I have nothing to declare

Мненечегодекларировать

14.3.

I have some goods to declare

У меня есть некоторые товары, которые нужно задекларировать

14.4.

Do I have to pay duty on these items?

Должен ли я платить за эти предметы?

14.5.

This is from a duty-free shop

Это из магазина беспошлинной торговли

14.6.

Are you going to go through my luggage?

Вы будете проверять мой багаж?

14.7.

Is this a subject to custom duty?

Это вопрос таможенных пошлин?

14.8.

I have all the necessary papers for this item

У меня есть все необходимые документы на этот предмет

14.9.

Is this an exemption from customs duty?

Есть ли исключения для таможенных пошлин?

14.10.

I have golden jewelry to declare

У меня есть золотые украшения для декларирования

14.11.

These are gifts for my wife and children

Этоподаркидлямоейженыидетей

14.12.

Am I allowed to bring ...?

Могу ли я принести ...?

14.13.

I don't have any foreign currency

У меня нет никакой иностранной валюты

14.14.

Where is the customs clearance?

Где таможенное оформление?

14.15.

I have the license for importing

Уменяестьлицензиянаимпорт

14.16.

I paid the customs. Here's my certifícate

Язаплатилналоги. Вот мой сертификат

15.   Directions
Инструкции

15.1.

Can you show me how to get to the … ?

Вы можете показать мне, как добраться до …?

15.2.

What's the closest route to the … ?

Какой ближайший маршрут до …?

15.3.

I'm headed to the … Can you help me?

Я направляюсь к … Можете мне помочь?

15.4.

How to get to the … ?

Как добраться до …?

15.5.

I'm lost. Can you help me?

Я заблудился. Вы можете помочь мне?

15.6.

I don't know which road to take. Can you help?

Я не знаю, в какую сторону идти. Вы можете помочь мне?

15.7.

There's no sign. Where should I go?

Здесь нет знаков. Куда мне идти?

15.8.

I don't see any road sign, should I turn left or right?

Я не вижу никаких дорожных знаков, мне нужно повернуть налево или направо?

15.9.

Do you have GPS?

Увасесть GPS?

15.10.

What does the GPS say?

Что говорит GPS?

15.11.

Can you turn on the GPS?

Можете включить GPS?

15.12.

The GPS directions aren't good, we should ask someone

Направление GPS не правильное, мы должны спросить кого-то

15.13.

Do you know how can we get to … ?

Вы не знаете, как мы можем добраться до …?

15.14.

I'm looking for a street named …

Ищу улицу имени …

15.15.

Where's the number … in this street?

Где улица номер … ?

15.16.

I need to be at the café … in 10 minutes, where is it?

Мне нужно быть в кафе … через 10 минут; где это?

15.17.

Is this a one-way street?

Это улица с односторонним движением?

15.18.

Will I arrive faster by car or by walking?

Я прибуду быстрее на машине или пешком?

15.19.

Is there a traffic jam downtown?

В центре есть пробки?

16.   Discomfort
Дискомфорт

16.1.

Can I get another seat?

Можно мне другое место?

16.2.

Can I change the departure time?

Могу я изменить время отправления?

16.3.

Can I open the window?

Можно я открою окно?

16.4.

Can you turn up the heating?

Вы можете включить обогревание?

16.5.

Can I use the restroom?

Могу я воспользоваться уборной?

16.6.

Can I use the shower?

Могу я использовать душ?

16.7.

Can you move me to the other department?

Не могли бы Вы переместить меня в другой отдел?

16.8.

This is not what I've ordered

Это не то, что я заказал

16.9.

This isn't fresh

Оно не свежее.

16.10.

Can I speak to your manager?

Могу я поговорить с вашим менеджером?

16.11.

Can we sit in a non-smoking area?

Мы можем сесть в месте для некурящих?

16.12.

Can you please put off the cigarette?

Вы можете убрать сигарету, пожалуйста?

16.13.

It's too cold in here

Здесь слишком холодно

16.14.

I can't see anything from here

Я ничего не вижу ничего отсюда

16.15.

Can you move a little bit so I can pass?

Вы не могли бы немного подвинуться, чтобы я мог пройти?

16.16.

Can I cut in front of you? I only have one item

Могу я проехать перед вами? У меня есть только один предмет

16.17.

We've been here for 20 minutes. Can we order?

Мы были здесь в течение 20 минут. Мы можем заказать?

16.18.

The bathroom is out of order. Is there another one?

Ванная комната не входит в заказ. Есть еще один?

16.19.

Excuse me, I don't feel very well

Прошу меня простить, я чувствую себя не хорошо

16.20.

I'll have to go now

Мненужносейчасидти

16.21.

I'm tired, I have to go to sleep

Яустал, ядолженидтиспать

16.22.

I have an early meeting tomorrow, I have to leave you now

Уменявстречазавтраутром, ядолженидти

16.23.

I have to go back to get my jacket

Ядолженвернутьсязасвоейкурткой

16.24.

Do you have an extra jacket I could borrow?

У Вас есть лишняя куртка одолжить мне?

16.25.

It's raining outside; do you have a dryer?

Снаружи идет дождь, у вас есть сушилка?

16.26.

Can I get a clean glass? This one has some stains

Можномнечистыйстакан? Нам этом есть пятна

17.   Embassy

Посольство

17.1.

Where is the ... embassy?

Где ... посольство?

17.2.

Do you have the embassy's number?

У вас есть номер посольства?

17.3.

How do I get to the ... embassy?

Как мне добраться до посольства ...?

17.4.

Can you show me the directions to the ... embassy?

Вы не могли бы показать мне дорогу к посольству ...?

17.5.

Do you know the embassy address?

Вы знаете адрес посольства?

17.6.

How can I reach the embassy?

Как мне добраться до посольства?

17.7.

I need to speak with someone from the embassy

Мне нужно поговорить с кем-то из посольства

17.8.

Where can I see you regarding my visa status?

Где я могу поговорить о состоянии моей визы?

17.9.

Can I reach the embassy in case of emergency?

Могу я обратиться в посольство в случае чрезвычайной ситуации?

17.10.

Where's the ... embassy located ?

Где находится ... посольство?

18. Gas station
Заправка

18.1.

Do we need to stop for the gas?

Нам нужно остановиться заправиться?

18.2.

Is there any gas station near?

Поблизости есть автозаправочная станция?

18.3.

I'm going to be out of fuel soon

Уменяскорозакончитсябензин

18.4.

Is oil level okay?

Уровень масла в порядке?

18.5.

Do you have diesel?

Увасестьдизель?

18.6.

Do you have a tire pump?

У вас есть насос?

18.7.

Do you have a car wash here?

У вас здесь есть автомойка?

18.8.

Can I wash my car?

Можно мне помыть мою машину?

18.9.

How much does washing cost?

Сколько стоит мойка машины?

18.10.

How much does a liter of gas cost?

Сколько стоит литр бензина?

18.11.

Could you check my tires?

Вы можете проверить мои шины?

18.12.

Fill it up, please

Заполните их, пожалуйста

18.13.

Should I go inside to pay?

Мне нужно войти внутрь, чтобы заплатить?

18.14.

Is there a parking lot behind?

Здесь есть парковка поблизости?

18.15.

We have just passed the gas station, can we go back?

Мы только что прошли автозаправку, мы можем вернуться?

19.   Hairdresser
Парикмахер

19.1.

I'd like a haircut, please

Я хочу постричься, пожалуйста

19.2.

Do I need a reservation?

Мне нужно записаться?

19.3.

Are you able to see me now?

Вы свободны принять меня сейчас?

19.4.

Can I make an appointment for tomorrow?

Могу я записаться на прием на завтра?

19.5.

Can you wash my hair?

Вы можете помыть мои волосы?

19.6.

I'd like some highlights

Мне бы хотелось как-то подчеркнуть

19.7.

Can I get a coloring?

Можно мне покраситься?

19.8.

I would like a blow-dry

Я бы хотел посушить феном

19.9.

Could you trim my beard, please?

Можете подстричь мою бороду, пожалуйста?

19.10.

Could you trim my moustache, please?

Можете подстричь мои усы, пожалуйста?

19.11.

Can you put some wax?

Можете нанести немного воска?

19.12.

Can I have some gel?

Можно немного геля?

19.13.

Please don't put any products on my hair

Пожалуйста, не кладите никаких средств на мои волосы

20. Health

Здравоохранения

20.1.

I'm sick, can you call a doctor?

Я болен, Вы можете позвонить врачу?

20.2.

I'm not feeling well, can you help me?

Я чувствую себя не хорошо, можете мне помочь?

20.3.

I'm nauseated, what should I do?

У меня тошнота, что мне делать?

20.4.

Is there any nurse?

Здесь есть медсестра?

20.5.

I need a doctor urgently!

Срочно нужен врач!

20.6.

Where's the ER?

Где скорая?

20.7.

Я получил рецепт от врача

20.8.

Can you give me something for headache?

Можете дать что-то от головной боли?

20.9.

Can you recommend anything for a cold?

Можете порекомендовать что-то от гриппа?

20.10.

Do you have any rash cream?

У вас есть какой-нибудь крем против сыпи?

20.11.

I need something for mosquito bites

Мне нужно что-тоот комариных укусов

20.12.

Do you have anything to help me stop smoking?

У вас есть что-то, чтобы помочь мне бросить курить?

20.13.

Do you have nicotine patches?

У вас есть никотиновые пластыри?

20.14.

Can I buy this without a prescription?

Могу я купить это без рецепта?

20.15.

Does it have any side-effects?

Есть ли какие-то побочные эффекты?

20.16.

I'd like to speak to the pharmacist, please

Я бы хотел поговорить с фармацевтом, пожалуйста

20.17.

Do you have something for sore throat?

У вас есть что-то от боли в горле?

20.18.

Any help for chapped lips?

Есть что-то для обветрившихся губ?

20.19.

I need cough medicine

Мне нужно лекарствоот кашля

20.20.

I feel sick when I travel, what should I do?

Я плохо себя чувствую, когда путешествую, что мне делать?

20.21.

Can I make an appointment to see the dentist?

Могу я записаться на прием к стоматологу?

20.22.

One of my fillings has come out, can you do something?

Одна моя пломба вышла, Вы можете сделать что-то?

20.23.

I have a severe toothache, what should I do?

У меня сильная зубная боль, что мне делать?

20.24.

I broke a tooth, I need a dentist urgently

Ясломалзуб, мнесрочнонуженстоматолог

20.25.

My kid is not feeling well, where is the nearest ambulance?

Мой сын чувствует себя нехорошо, где ближайшая машина скорой помощи?

20.26.

I ate something bad, I need a stomach medicine

Я съел что-то не то, мне нужно лекарство для желудка

20.27.

I need an allergy medicine

Мне нужно лекарство от аллергии

21. Hotel

Отель

21.1.

Where's our hotel reservation?

Гденашаброньотеля?

21.2.

Where are we going to stay?

Где мы собираемся остановиться?

21.3.

Did you reserve the hotel?

Вы забронировали отель?

21.4.

Did you find accommodation?

Вынашлижилье?

21.5.

Do you have the hotel address?

Есть ли у вас адрес отеля?

21.6.

What's the hotel's phone number?

Какой номер телефона отеля?

21.7.

Do you have my reservation?

У вас есть моя резервация?

21.8.

I've made the reservation under the name ...

Я зарезервировал на имя ...

21.9.

My booking was for a single room

Моя резерцация была на одноместный номер

21.10.

My booking was for a double room

Моя резервация была на двухместный номер

21.11.

My booking was for a twin room

Моя резервация была на одноместный номер

21.12.

What is my room number?

Какой номер моей комнаты?

21.13.

Which floor is my room on?

На каком этаже мой номер?

21.14.

Where can I get my keys?

Где мне взять мои ключи?

21.15.

Where are the lifts?

Гдездесьлифты?

21.16.

Could I have a wake-up call at seven o'clock?

Не могли бы Вы позвонить разбудить меня в семь часов?

21.17.

Do you lock the front door at night?

Вы заперли входную дверь на ночь?

21.18.

What do I do if I come back after midnight?

Что мне делать, если я вернусь после полуночи?

21.19.

Can I get my key, please?

Можно мне мой ключ, пожалуйста?

21.20.

Do you need to know how long we're staying for?

Вам нужно знать, как долго мы останемся?

21.21.

Could we have an extra bed?

Не могли бы вы дать нам дополнительную кровать?

21.22.

Does the room have the air condition?

В номере есть кондиционер?

21.23.

When do you serve breakfast?

Во сколько подают завтрак?

21.24.

When is the dinner being served?

Когда подают ужин?

21.25.

Is the restaurant open?

Ресторанооткрыт?

21.26.

Can I conduct a meeting somewhere in the hotel?

Я могу провести встречу где-нибудь в отеле?

21.27.

Do you have a pool?

У вас есть бассейн?

21.28.

Can I use the gym?

Могу я использовать тренажерный зал?

21.29.

Are there any messages for me?

Есть какие-нибудь сообщение для меня?

21.30.

Can we have separate rooms?

Можно нам отдельные номера?

21.31.

Does the room have the mini-bar?

В номере есть мини-бар?

21.32.

Is there a TV in my room?

В моей комнате есть телефизор?

22. Luggage
Багаж

22.1.

Where's my luggage?

Где мой багаж?

22.2.

My luggage got lost, can you help me?

Мой багаж потерялся, Вы можете мне помочь?

22.3.

I don't see my suitcase on the luggage conveyor

Я не вижу своего чемодана на багажном конвейере

22.4.

Is my bag lost?

Мой чемодан потерялся?

22.5.

Can you help me find my luggage?

Не могли бы вы помочь мне найти свой багаж?

22.6.

Can someone take my luggage?

Может кто-нибудь взять мой багаж?

22.7.

Can the bellboy help me with my luggage?

Может посыльный помочь мне с моим багажом?

22.8.

I can't carry all my bags, can you help me?

Я не могу донести все свои чемоданы, можете помочь?

22.9.

I don't have a lot of luggage, I'll take it myself

Уменянемногобагажа, ясамдонесу

22.10.

I only have one bag

У меня только одна сумка

22.11.

Please be careful, it's fragile

Осторожно, пожалуйста, это хрупкая вещь

22.12.

I have some fragile gifts in my luggage, don't break them

У меня несколько хрупких подарков в чемодане, не сломайте их

22.13.

Can you help the lady with her luggage?

Можете помочь леди с ее багажом?

22.14.

Where can I get a luggage cart?

Где мне найти тележку для чемоданов?

22.15.

Where can I measure the weight of my luggage?

Где мне взвесить мой багаж?

22.16.

Can I repack here?

Можно мне переупаковать здесь?

22.17.

I'm not done packing yet

Я еще не закончил паковать

22.18.

Did you pack everything?

Вывсеупаковали?

22.19.

I've finished packing, I'll wait for you outside

Я закончил паковать, буду ждать вас на улице

22.20.

Let me help you with your bags

Позвольте помочь вам с вашими сумками

22.21.

Did you put the bags in the car?

Вы положили сумки в машину?

22.22.

Help me get the luggage in the trunk

Помогитемненеположитьбагажвбагажник

22.23.

Keep an eye on the bags

Следитезасумками

22.24.

Can you watch my bags for a minute?

Можете присмотреть за моими сумками на минуту?

22.25.

I need to use the bathroom. Can I leave my bag here?

Мне нужно в уборную. Могу я оставить свою сумку здесь?

22.26.

Do you want me to watch your bags until you come back?

Хотите я присмотрю за вашими сумками, пока вы не вернетесь?

23. Metro travel
Поездка на метро

23.1.

Where's the closest metro station?

Где ближайшая станция метро?

23.2.

Can I get to ... with metro?

Я могу доехать до ... на метро?

23.3.

Where can I buy a metro ticket?

Где можно купить билет на метро?

23.4.

How many stops are there to ... ?

Сколько остановок до ...?

23.5.

Do I need to make connections to go to ... ?

Надо ли мне связаться, чтобы поехать в ...?

23.6.

What's the metro ticket price?

Сколько стоит билет на метро?

23.7.

Is there any discount for children?

Здесь есть скидки для детей?

23.8.

Can you tell me when should I arrive to … ?

Можете сказать, когда я должен прибыть до …?

23.9.

How often does the train go?

Как часто ходит поезд?

23.10.

Should I take the metro or the bus?

Мне лучше поехать на метро или на автобусе?

23.11.

I need to go to … . Can metro take me there?

Мне нужно идти в … Я могу доехать на метро?

23.12.

Do you have a timetable?

У вас есть расписание?

23.13.

Do you have a map for metro lines?

У вас есть карта линий метрополитена?

23.14.

Will you tell me when I get to the ...?

Можете сказать мне, когда я доеду до ...?

24. Money

Деньги

24.1.

Have you got the money?

Вы получили деньги?

24.2.

I forgot the money, I need to go back

Язабылденьги, ядолженвернуться

24.3.

I have the money here

У меня есть деньги здесь

24.4.

Do we have enough money?

У нас достаточно денег?

24.5.

How much cash do we need?

Сколько наличных нам нужно?

24.6.

Can I pay in cash?

Могу я оплатить наличными?

24.7.

Can I pay with credit card?

Могу я расплатиться кредитной картой?

24.8.

Where's the closest ATM?

Где ближайший банкомат?

24.9.

I need to get some cash for tonight

Мненужнонемногоналичныхнавечер

24.10.

The bill is covered

Счетоплачен

24.11.

I'll pay for everything

Язавсеплачу

24.12.

Please let me pay the bill

Пожалуйста, дайте мне оплатить счет

24.13.

Can we split the bill?

Мы можем разделить счет?

24.14.

How much do I owe you?

Сколько я вам должен?

24.15.

Let me get my wallet

Позвольте мне взять мой бумажник

24.16.

My wallet is in the car, I'll be right back

Мойкошелеквмашине. Я скоро вернусь

24.17.

There are no ATMs here

Здесьнетбанкоматов

24.18.

Can you lend me some money until tomorrow?

Можете одолжить мне деньги до завтра?

24.19.

Can I write you a check?

Я могу выписать вам чек?

24.20.

Can you accept my Visa card?

Вы можете принять мою кредитную карту?

24.21.

Is there any problem with my card?

Проблема с моей картой?

24.22.

Can I check my account balance?

Могу я проверить баланс карты?

24.23.

I need to get to the bank right now

Мненужносейчасдобратьсядобанка

24.24.

I have a problem regarding money

Уменяпроблемысденьгами

24.25.

I'd like to withdraw some money

Я бы хотел снять немного денег

25.   Passport
Паспорт

25.1.

Do you need to check our passports?

Вам нужно проверить наши паспорта?

25.2.

Is my passport valid?

Мой паспорт действителен?

25.3.

Where did you put our passports?

Где ты положил наши паспорта?

25.4.

I lost my passport. What should I do?

Я потерял свой паспорт. Что мне делать?

25.5.

My passport expired. What should I do?

Срок моего паспорта истек. Что я должен делать?

25.6.

When can I expect my passport to be ready?

Когда мой паспорт будет готов?

25.7.

Could I see your passport?

Могу я увидеть ваш паспорт?

25.8.

My passport is in my pocket, where is yours?

Мой паспорт в моей сумке, где твой?

25.9.

How long will my passport be valid?

Как долго будет мой паспорт будет действителен?

25.10.

Where is the passport control?

Где паспортный контроль?

25.11.

Do I need to go through passport control?

Мне нужно пройти через паспортный контроль?

25.12.

Do little children need their own passports?

Детям нужен собственный паспорт?

25.13.

Make sure you always know where your passport is

Убедитесь, что вы всегда знаете, где ваш паспорт

25.14.

It's the best to keep the passport on hand

Лучшеиметьсвой паспортнаруках

25.15.

What number should I call if I lose my passport?

По какому номеру мне звонить, если я потеряю свой паспорт?

25.16.

If I lose my passport, should I go to the embassy?

Если я потеряю свой паспорт, я должен идти в посольство?

25.17.

We're traveling together; here are our passports

Мыпутешествуемвместе; вотнашипаспорта

25.18.

What happens if my passport expires while I'm abroad?

Что делать, если мой паспорт истекает, в то время как я за границей?

25.19.

I have a question regarding my passport status

У меня есть вопрос о состоянии моего паспорта

25.20.

Where can I travel with my passport?

Где я могу путешествовать с моим паспортом?

25.21.

Is just a passport enough?

Просто паспорт достаточно?

25.22.

Do I need anything else besides passport?

Мне нужно что-нибудь еще, кроме паспорта?

25.23.

Can I get my passport back?

Можете вернуть мне мой паспорт?

25.24.

Do I need to show my passport on the airport?

Мне нужно показывать паспорт в аэропорту?

25.25.

Do I need the passport for traveling to … ?

Мне нужен паспорт для поездки в …?

25.26.

Can you help me find my passport? It's here somewhere

Вы можете помочь мне найти мой паспорт? Он где-то здесь

26. Personal accidents
Страхование от несчастных случаев

26.1.

I'm hurt, I need help

Я ранен,мне нужна помощь

26.2.

My foot is stuck, can you help me?

Моя нога застряла, вы можете мне помочь?

26.3.

I've hurt my arm

Яповредилруку

26.4.

Here's where it hurts

Вотгдеболит

26.5.

Call the fire department

Вызовитепожарных

26.6.

The hotel is on fire, hurry up

Отельзагорелся, поторопитесь

26.7.

Do you know CPR?

Ты умеешь делать искусственное дыхание?

26.8.

I need a hospital urgently

Мне срочно нужно в больницу

26.9.

The thief just attacked me, call the police

На меня только что напал грабитель, позвоните в полицию

26.10.

They took all my money and documents

Они забрали все мои деньги и документы

26.11.

Please block my credit card, it's been stolen

Пожалуйста заблокируйте мою кредитную карту, ее украли

26.12.

Where is the police station?

Где полицейский участок?

26.13.

It's an emergency

Это чрезвычайнаяситуация

26.14.

Is the fire department on their way?

Пожарные уже в пути?

26.15.

I've been robbed, call the police

Меня ограбили, позвоните в полицию

26.16.

He's the thief

Он вор

26.17.

He stole my wallet

Он украл мой кошелек

27. Personal information
Личная информация

27.1.

What's your last name?

КакаяВашафамилия?

27.2.

Can I get your phone number?

Вы можете дать свой номер телефона?

27.3.

Can I get your business card?

Вы можете дать свою визитную карточку?

27.4.

Here's my card with all the information

Вот моя карточка со всей информацией

27.5.

What's your email address?

Какой Ваш электронный адрес?

27.6.

Where are you from?

ОткудаВы?

27.7.

Where do you live?

ГдеВыживете?

27.8.

Can I get your address?

Можно мне узнать Ваш адрес?

27.9.

What's your room number?

Какой номер Вашей комнаты?

27.10.

Are you married?

Выженаты?

27.11.

Do you have children?

Естьдети?

27.12.

Can I call you if I need you?

Я могу позвонить вам, если вы мне понадобитесь?

27.13.

Can I count on you to send me that? Here's my

address

Могу ли я рассчитывать, что вы отправите мне это? Вот мой адрес

28. Phone
Телефон

28.1.

Can I call you later?

Я могу перезвонить Вам позже?

28.2.

Here's my phone number

Вот мой номер телефона

28.3.

You can reach me on this number

Вы можете связаться со мной по этому номеру

28.4.

Do you have his phone number?

У вас есть его номер телефона?

28.5.

Where can I get emergency numbers for the country I'm going to?

Где мне получить номера экстренных служб для страны, в которую я еду?

28.6.

What's the number for the police?

Какой номер полиции?

28.7.

What's the number for the ambulance?

Какой номер скорой помощи?

28.8.

What's the number for the fire department?

Какой номер пожарной службы?

28.9.

How can I reach the hotel?

Как я могу позвонить в отель?

28.10.

Have you written down the hotel's phone number?

Ты записал номер телефона отеля?

28.11.

Is this the number for the airport?

Это телефонный номер аэропорта?

28.12.

Hello, can I speak to ...?

Здравствуйте, я могу поговорить с ...?

28.13.

I need to speak to ..., do I have the right number?

Мне нужно поговорить с ... У меня правильный номер?

28.14.

Can I call you again?

Я могу Вам перезвонить? Сигнал плохой

28.15.

I'm afraid you have the wrong number

Боюсь, выошиблисьномером

28.16.

Can I leave a message for ... ?

Могу я оставить сообщение для ...?

28.17.

Can you tell him to call me?

Вы не могли бы попросить его перезвонить мне?

28.18.

Please don't call me after 9pm

Пожалуйста, не звоните мне после 9 вечера

28.19.

You won't be able to reach me during the weekend

Вы не сможете со мной связаться в течении недели

28.20.

Would you give me your phone number so I can call you tomorrow?

Вы не дадите мне свой номер чтобы я мог позвонить Вам завтра?

28.21.

My phone will be unavailable for the next week

Мой телефон будет недоступен в течение следующей недели

28.22.

Write me an email instead

Написать мне по электронной почте

28.23.

It seems like I've lost your number

Кажется, япотерялсвой номер

28.24.

I couldn't reach you this morning, what's going on?

Я не мог дозвониться вам утром, что случилось?

28.25.

My battery is going to die, do you have a charger?

Мой аккумулятор разряжается, у вас есть подзарядка?

28.26.

Can I charge my phone here?

Я могу подзарядить телефон здесь?

29.   Plane and airport

Самолеты и аэропорты

29.1.

I've got a ticket to …

У меня билет в …

29.2.

Where can I check my ticket?

Где я могу проверить мой билет?

29.3.

I only have a carry on

Уменятолькоручнаяякладь

29.4.

I have 2 suitcases, can I check them now?

У меня два чемодана, я могу проверить их сейчас?

29.5.

What is the maximum luggage weight?

Какой максимальный вес багажа?

29.6.

I would like to confirm my flight

Я бы хотел подтвердить мой полет

29.7.

Can you confirm my ticket number?

Можете подтвердить номер моего билета?

29.8.

Can I get the window seat?

Можно мне место возле окна?

29.9.

Can I get the aisle seat?

Можно мне место возле прохода?

29.10.

I have a ticket; can I schedule a departure date?

У меня есть билет; я могу запланировать дату отъезда?

29.11.

Can I change my departure date to ... ?

Могу я изменить дату отъезда в ...?

29.12.

I would like to leave on ... , if there are available seats

Ябыхотелвыехатьна ..., еслиестьсвободныеместа

29.13.

Would my bag fit over the seat?

Мой чемодан помещается на это место?

29.14.

Can I have a seat closest to the emergency exit?

Можно мне место рядом с аварийным выходом?

29.15.

Какие ворота мне нужно идти?

В какие ворота мне нужно идти?

29.16.

What is the gate number?

Какой номер ворот?

29.17.

Can you point me towards the gate?

Не могли бы Вы указать мне ворота?

29.18.

How do I get to the gate?

Как мне добраться до ворот?

29.19.

Когда я должен быть в воротах?

Когда я должен быть в воротах?

29.20.

I'm looking for the north terminal.

Я ищу северный терминал

29.21.

Where can I claim my luggage?

Где я могу получить мой багаж?

29.22.

Could you please help me with my bags?

Можете помочь мне с моими сумками?

29.23.

Can you repeat the flight number?

Вы можете повторить номер рейса?

29.24.

Here's my passport and boarding card

Вот мой паспорт и посадочный талон

29.25.

Will there be a delay?

Будут ли задержки?

29.26.

How long does the flight take?

Сколько займет полет?

29.27.

Do you serve food and drinks?

Вы подаете еду и напитки?

29.28.

Can I unfasten my seatbelt now?

Могу я теперь расстегнуть ремень?

30. Professions
Профессии

30.1.

I'm a lawyer

Я адвокат

30.2.

Are you a nurse?

Вымедсестра?

30.3.

So, he's an executive?

Так он администратор?

30.4.

We need an electrician

Намнуженэлектрик

30.5.

I could use a hairdresser now

Теперь я могу воспользоваться парикмахером

30.6.

Are you an engineer, too?

Вы тоже инженер?

30.7.

Do you work as a librarian?

Вы работаете библиотекарем?

30.8.

Is he a famous actor?

Он известный актер?

30.9.

This tailor is really good

Портнойоченьхороший

30.10.

I'll take you to the doctor

Яотведутебякврачу

30.11.

Do you know some good mechanist?

Вы знаете хорошего механика?

30.12.

Is there any reliable butcher near?

Рядом есть надежный мясник?

30.13.

I need to see a dentist today

Мненужносегоднякстоматологу

30.14.

What is your occupation?

Чемвызанимаетесь?

30.15.

Where do you work?

Где ты работаешь?

31. Restaurant
Ресторан

31.1.

Do you know any good restaurants?

Вы знаете хороший ресторан?

31.2.

Where's the nearest restaurant?

Где находится ближайший ресторан?

31.3.

Would you join me for lunch?

Могу ли я сопровождать вас на обед?

31.4.

Be my guest for dinner tonight

Будьте моим гостем на ужин сегодня вечером

31.5.

Do you have any free tables?

Есть ли у вас свободные столики?

31.6.

A table for four, please

Столик на четверых, пожалуйста

31.7.

I'd like to make a reservation

Яхочузарезервировать

31.8.

I'd like to book a table, please

Я хотел бы заказать столик, пожалуйста

31.9.

Tonight at ... o'clock

Сегодня в ... часов

31.10.

Tomorrow at ... o'clock

Завтрав ... часов

31.11.

I've got a reservation under the name ...

У меня резервация на имя ...

31.12.

Could I see the menu, please?

Я могу посмотреть меню, пожалуйста?

31.13.

Can we get something to drink?

Можно нам что-нибудь выпить?

31.14.

Can we order now?

Можем мы заказать сейчас?

31.15.

Do you have any specials?

У вас есть особые блюда?

31.16.

What's the soup of the day?

Какой сегодня суп дня?

31.17.

What do you recommend?

Что вы порекомендуете?

31.18.

What's this dish?

Что это за блюдо?

31.19.

I'm allergic to ...

У меня аллергия на ...

31.20.

I'm a vegetarian, what do you recommend?

Я вегетарианец, что вы мне рекомендуете?

31.21.

I'd like my stake medium-rare

Я бы хотел стейк средней прожарки

31.22.

I prefer the stake to be well done

Япредпочитаюхорошоприготовленноемя со

31.23.

We're in a hurry, when can we be served?

Мы спешим, когда нас обслужат?

31.24.

How long will it take?

Сколько времени это займет?

31.25.

What is your wine selection?

Какой ваш выбор вина?

31.26.

Do you have any desserts?

У вас есть десерты?

31.27.

Could I see the dessert menu?

Могу я увидеть десертное меню?

31.28.

Can you take this back, it's cold

Можете забрать это обратно, оно холодное

31.29.

Can I get the new serving, this is too salty

Принеситемненовое, онослишкомсоленое

31.30.

This doesn't taste right, can I change my order?

Оно неправильное на вкус, я могу поменять свой заказ?

31.31.

We've been waiting a long time, can you help us?

Мы ждали долгое время, вы можете нам помочь?

31.32.

Is our meal on its way?

Наша еда в пути?

31.33.

Will our food be long?

Наша еда будет долго ?

31.34.

Could we have the bill, please?

Можно нам счет, пожалуйста?

31.35.

Do you take credit cards?

Вы принимаете кредитные карточки?

31.36.

Can we pay separately?

Мы можем заплатить отдельно?

31.37.

Please bring us another bottle of wine

Пожалуйста, принеситенамдругуюбутылкувина

31.38.

Please bring us some more bread

Пожалуйста, принесите нам больше хлеба

31.39.

Can we have a jug of tap water?

Можно нам кувшин воды?

31.40.

Can I have some water, please?

Можно мне воды, пожалуйста?

31.41.

What kind of meat is this?

Какой это тип мяса?

31.42.

How do you prepare the pork?

Как вы готовите свинину?

31.43.

I'm allergic to nuts, please don't put them in

У меня аллергия на орехи, пожалуйста, не кладите их

31.44.

Sorry, but I suffer from allergy from shellfish

Извините, ноуменяаллергиянамоллюсков

31.45.

Do you have chicken breasts?

У вас есть куриные грудки?

31.46.

Have you got roasted turkey?

У вас есть жареная индейка?

31.47.

I'll have the roast beef, please

Мне ростбиф, пожалуйста

31.48.

What's your pasta selection?

Какой ваш выбор пасты?

31.49.

What kind of beans do you serve?

Какие виды бобов вы подаете?

31.50.

Can I get the salt?

Не могли бы вы принести мне соль?

31.51.

Could you pass the pepper?

Не могли бы вы передать перец?

31.52.

Can you bring the olive oil?

Не могли бы вы принести оливковое масло?

31.53.

Can you put vinegar in the salad?

Не могли бы вы добавить уксуса в салат?

31.54.

Do you have any seafood?

У вас есть какие-нибудь морепродукты?

31.55.

I'll have bacon and eggs

Мнебеконияйца

31.56.

Can I get some sausages?

Можно мне немного сосисок?

31.57.

Do you serve fried chicken?

Есть ли у вас служить жареный цыпленок?

31.58.

I'll have baked potatoes with that

Мне печеный картофель с этим

31.59.

Can I order some grilled chicken?

Могу ли я заказать курицу-гриль?

31.60.

I'll have a piece of chocolate cake

Мнекусочекшоколадноготорта

31.61.

I'll have ice cream for a desert

Мнемороженоенадесерт

31.62.

Croissant and coffee, please

Круассаникофе, пожалуйста

31.63.

Two pancakes with honey for me

Два блинчика с медом для меня, пожалуйста

31.64.

Is smoking allowed?

Куритьразрешено?

32.   Supermarket

Супермаркет

32.1.

What times are you open?

Во сколько вы открываетесь?

32.2.

Are you open on Saturday?

Вы открыты в субботу?

32.3.

Do you work on Sunday?

Вы работаете в воскресенье?

32.4.

What time do you close today?

ВО сколько вы закрываетесь сегодня?

32.5.

What time do you open tomorrow?

Во сколько вы открываетесь завтра?

32.6.

How much is this?

Сколькоэтостоит?

32.7.

How much does this cost?

Сколько это стоит?

32.8.

I'll pay in cash

Я заплачу наличными

32.9.

Do you accept credit cards?

Вы принимаете кредитные карточки?

32.10.

Could I have a receipt, please?

Можно мне рецепт, пожалуйста?

32.11.

Could you tell me where the ... is?

Не могли бы вы сказать мне, где ...?

32.12.

Could I have a carrier bag, please?

Не могли бы вы дать мне корзину, пожалуйста?

32.13.

Can you help me pack my groceries?

Можете помочь мне упаковать мои покупки?

32.14.

Here's my loyalty card

Вот моя дисконтная карта

32.15.

Where can I find milk?

Где я могу найти молоко?

32.16.

What kind of bread should we buy?

Какой хлеб нужно купить?

32.17.

Could you tell me where the meat section is?

Можете сказать, где отдел мяса?

32.18.

Where can I find the frozen food?

Где я могу найти раздел замороженных продуктов?

32.19.

I would like some cheese, please

Мненемногосыра, пожалуйста

32.20.

Do you have frozen pizza?

У вас есть замороженная пицца?

32.21.

I want to buy some ham

Я хочу купить немного ветчины

32.22.

Do you have black olives?

У вас есть маслины?

32.23.

I need some bottled water

Мне нужно немного воды в бутылках

32.24.

We need orange juice

Нам нужен апельсиновый сок

32.25.

Please show me where's the fruit aisle

Пожалуйста, покажите мне, где фруктовый остров

32.26.

What vegetables do we need for the salad?

Какие овощи нужны для салата?

32.27.

Can I get some chicken wings?

Можно мне немного куриных крылышек?

33. Taxi
Такси

33.1.

Do you know where I can get a taxi?

Вы знаете, где я могу взять такси?

33.2.

Do you have a taxi number?

У вас есть номер такси?

33.3.

I need the taxi. My address is ...

Мне нужно такси. Мой адрес ...

33.4.

Do you have an available vehicle right now?

У вас есть свободные машины сейчас?

33.5.

I'm at the ... street

Я на улице ...

33.6.

I'll wait in front of the post office on ... street?

Я буду ждать впереди почтового отделения на улице ...

33.7.

How long will I have to wait?

Сколько мне придется ждать?

33.8.

Can you send a larger vehicle?

Вы можете отправить большую машину?

33.9.

I'd like to go to …

Я хочу поехать в …

33.10.

Could you take me to …?

Можете довести до …?

33.11.

I need to be at the airport in 30 minutes

Мненужнобытьваэропортучерез 30 минут

33.12.

I have a train in 40 minutes, please hurry

Мойпоездчерез 40 минут, пожалуйста, поспешите

33.13.

Try to avoid the jam

Постарайтесь избежать пробок

33.14.

Can you put my bags in the trunk?

Можете поставить мои сумки в багажник?

33.15.

How long will the journey take?

Сколько займет поездка?

33.16.

Do you mind if I open the window?

Вы не возражаете, если я открою окно?

33.17.

Can you please close the window?

Можете закрыть окно, пожалуйста?

33.18.

Are we almost there?

Мыпочтинаместе?

33.19.

Can you hurry up?

Можетепоспешить?

33.20.

That's fine, keep the change

Всевпорядке, оставьтесдачу

33.21.

Could I have a receipt, please?

Можете ли вы дать квитанцию, пожалуйста?

33.22.

Could you pick me up here tonight at ...?

Можете забрать меня отсюда сегодня в ...?

33.23.

Could you wait for me here?

Вы можете подождать здесь?

33.24.

How much do you charge waiting?

Сколько вы берете за ожидание?

33.25.

Can you stop in front of the pharmacy?

Можете остановиться перед аптекой?

33.26.

Please take me downtown

Пожалуйста, отвезите меня в центр

33.27.

Drive me to the theatre…

Отвезите меня в театр …

34.   Theatre

Театр

34.1.

Is the theatre in this town any good?

Театр в этом городе хороший?

34.2.

What's on the repertoire for this week?

Что в репертуаре на этой неделе?

34.3.

Is there anything on at the theatre this week?

Есть что-нибудь в театре на этой неделе?

34.4.

Any interesting plays this month?

Какие-нибудь интересные постановки в этом месяце?

34.5.

Do you know is there any play tonight?

Вы не знаете сегодня есть какие-нибудь постановки?

34.6.

When's does the play start?

Когда начинается постановка?

34.7.

Does anyone I might have heard of in the play?

Есть ли в этой постановке кто-то, о ком я мог слышать?

34.8.

What type of production is it?

Что это за постановка?

34.9.

What time does the performance start?

В какое время начинается шоу?

34.10.

What time does it finish?

Во сколько заканчивается?

34.11.

Where's the cloakroom?

Гдездесьгардеробная?

34.12.

Could I have a program, please?

Не могли бы вы дать программу, пожалуйста?

34.13.

Shall we order some drinks for the interval?

Мы закажем какие-нибудь напитки в антракте?

34.14.

We'd better go back to our seats, it's starting

Нам лучше вернуться на свои места, начинается

34.15.

Shall we sit on a balcony?

Нам сесть на балконе?

34.16.

Check the tickets for our seat numbers

Проверьтебилетынанашиместа

35. Time and date
Время и дата

35.1.

What time is it?

Которыйчас?

35.2.

What date is it today?

Какой сегодня день?

35.3.

I'll be there around three-fifteen

Я буду там около трех пятнадцати

35.4.

It's half past five, let's meet in an hour

Уже половина шестого, давайте встретимся через час

35.5.

I'll be there around two o'clock

Я буду там около двух часов

35.6.

Expect me around quarter to four

Ждитеменяоколо 3:45

35.7.

Please arrive on time

Пожалуйста, неопаздывайте

35.8.

When did you meet him?

Когда ты встретил его?

35.9.

Should I come back in thirty minutes?

Мне нужно вернуться через тридцать минут?

35.10.

Which day is it?

Какойэтодень?

35.11.

I've been there for a few months

Я был здесь в течение нескольких месяцев

35.12.

Can I see you later this month?

Я могу увидеть вас позже в этом месяце?

35.13.

I remember you. Were you here last year?

Я помню вас. Вы были здесь в прошлом году?

35.14.

I won't be available until next month

Я буду недоступен до следующего месяца

35.15.

Is it always this crowded on/ the weekends?

Всегда так людно в выходные дни?

35.16.

Talk to you tomorrow morning

Я поговорю с тобой завтра утром

35.17.

I'll probably be back in a few days

Вероятно, я вернусь через несколько дней

35.18.

I've been waiting for awhole hour

Яждалцелыйчас

35.19.

I met him last Friday

Я встретился с ним в прошлую пятницу

35.20.

When can I expect you?

Когда я могу тебя ожидать?

35.21.

I'll come on Wednesday

Япридувсреду

35.22.

What are your plans for the winter?

Какие планы на зиму?

36. Train travel

Путешествие на поезде

36.1.

Can I get a first class single ticket?

Можете дать один билет первого класса?

36.2.

Give me two first class return tickets

Дайте мне два обратных билета первого класса

36.3.

I would like a child single

Мнеодиндетский

36.4.

I need one child return

Мне нужен один обратный детский

36.5.

What time's the next train to …?

Во сколько следующий поезд на …?

36.6.

Can I buy a ticket on the train?

Могу я купить билет на поезд?

36.7.

How much is a first class return to …?

Сколько стоит обратный билет первого класса в…?

36.8.

Which platform do I need for …?

Какая мне нужна платформа на …?

36.9.

Is this the right platform for …?

Это правильная платформа на …?

36.10.

Where can I see the timetable?

Где я могу посмотреть расписание?

36.11.

How often do the trains run to …?

Как часто ходят поезда до …?

36.12.

I'd like to renew my season ticket, please

Яхочупродлитьсвойабонемент, пожалуйста

36.13.

The train's running late

Поездприходитпоздно

36.14.

The train's been cancelled

Поездбылотменен

36.15.

Does this train stop at ...?

Останавливается ли этот поезд в ...?

36.16.

Is there a buffet car on the train?

В поезде есть вагон-ресторан?

36.17.

Do you mind if I open the window?

Вы не возражаете, если я открою окно?

36.18.

Does this train terminate here?

Поезд останавливаться здесь?

36.19.

Where should I put my personal belongings?

Где я могу оставить свои личные вещи?

36.20.

How many stops is it to ...?

Сколько остановок до ...?

36.21.

How much is the ticket to …?

Сколько стоит билет в …?

36.22.

Is there a reduced fare for children?

Есть скидки для детей?

36.23.

Is there a reduced fare for large families?

Есть скидки для большой семьи?

36.24.

Where is the train station?

Где находится вокзал?

36.25.

Where can we buy tickets?

Где я могу купить билеты?

36.26.

What time will the train to … leave?

В какое время поезд отходит в …?

36.27.

Where is platform number …?

Гдеплатформаномер …?

37. Visa

Виза

37.1.

Do I need a visa to go to...?

Нужно ли мне виза для поездки в ...?

37.2.

I don't have a visa. Can I still go to...?

У меня нет визы. Я все еще могу поехать в ...?

37.3.

I need a visa for ... . What should I do?

Мненужнавизав ... Что я должен делать?

37.4.

When is my visa expiring?

Когда моя виза истекает?

37.5.

Can I stay for a month with this visa?

Могу я остаться на месяц с этой визой?

37.6.

Which documents do I need to get a visa?

Какие мне нужны документы, чтобы получить визу?

37.7.

Is my visa ready?

Моявизаготова?

37.8.

When can I get the visa?

Где я могу получить визу?

37.9.

I need a tourist visa, what should I do?

Мне нужно туристическую визу, что я должен делать?

37.10.

Who should I talk to about visa extension?

С кем можно поговорить о продление визы?

37.11.

Do kids need visas?

Детямнужнывизы?

37.12.

What will happen if our visa expires?

Что делать, если наша виза истекает?

37.13.

How long does the tourist visa last?

Как долго действует туристическая виза?

37.14.

I need a work visa for United States

МненужнарабочаявизавСША

37.15.

Which countries can I go to without visa?

В какие страны я могу отправиться без визы?

37.16.

When can I expect your call regarding my visa status?

Когда я могу ожидать вашего звонка о статусе моей визы?

37.17.

Is this the paper that confirms that I have visa?

Это бумага, которая подтверждает, что у меня есть виза?

37.18.

How long does the process of getting visa last?

Как долго длится процесс получения визы?

37.19.

Do I need anything else besides visa?

Нужно ли мне что-нибудь еще, кроме моей визы?

37.20.

Am I going to need a letter of guarantee or just a visa?

Нужно ли мне гарантийное письмо или просто визу?

38.   Weather

Погода

38.1.

What's the weather like there?

Как там погода?

38.2.

Is it going to rain next week?

Будет ли дождь на следующей неделе?

38.3.

Do you think there will be snow?

Как вы думаете, будет снег?

38.4.

Can I expect sunny vacation?

Могу ли я рассчитывать на солнце в отпуске?

38.5.

I'm going with the car. Is there any fog?

Я иду с машиной. Есть туман?

38.6.

Will the weather affect my flight?

Повлияет ли погода на мой полет?

38.7.

Are we still going if it starts snowing?

Мне все еще едем, если пойдет снег?

38.8.

Is there any snow on the mountains?

Есть снег в горах?

38.9.

Are we going to be able to go skiing?

Мы собираемся кататься на лыжах?

38.10.

Is it warm enough for swimming?

Там достаточно тепло для плаванья?

38.11.

Will it still rain tomorrow?

Завтра все еще будет дождь?

38.12.

What's the forecast for ...?

Какой прогноз погоды на ...?

38.13.

Do you think we'll arrive on time with this storm?

Вы думаете мы приедем во время с этой бурей?

38.14.

Do I need the winter clothes?

Мне нужна зимняя одежда?

38.15.

Should I pack some warm shoes?

Мне нужно упаковать теплые ботинки?

38.16.

Should I bring the jacket?

Мне принести куртку?

38.17.

Are you expecting bad weather in the next 10 days?

Вы ожидаете плохой погоды в ближайшие 10 дней?

38.18.

It's really cloudy; do you think it will rain tonight?

Очень ясно; вы думаете, будет дождь сегодня вечером?

32153844R00068